# 주홍 글씨 속의 유령들

정경미 시집

문학의전당 시인선
345

# 주홍 글씨 속의 유령들

정경미 시집

문학의전당

## 시인의 말

몽환의 세계에 초대받았지만
제대로 한번 그 세계에 발을 들여놓지 못했다.

이후에도
어딘가를 배회하고 있는 나를 발견하게 될 것 같다.

2021년 10월
정경미

차례

## 제2부

## 제3부

## 제4부

# 제1부

# 찬비는 모르고

찬비 조용히 다녀가고 빗방울의 환청만 아스팔트 위로 굴러다닌다 샐비어는 찬비를 모르고 그래서 샐비어는 꽃을 피우고 나는 나를 모르고 샐비어는 나를 모르고 어디선가 정오의 자명종이 나부낀다 종소리를 물고 가는 말티즈의 뒤를 따라 걷는다 지친 걸음이 횡단보도에 이르러 잠시 숨을 고른다 내 그림자를 밟고 지나는 경적 소리가 가슴에 꽂힌다 귓바퀴를 타고 맴도는 무채색의 음파가 사진 속의 앵글에 잡힌다 카메라에 찍힌 백색소음은 찬비를 모른다 찬비는 카메라를 모르고 카메라는 나를 모르고 나는 찬비의 행방을 모르고 어깨 너머엔 말티즈를 모르는 꽃들이 무표정하게 피고 있다

# 좌회전

방향지시등도 없이 자정이 왔다 불안한 내 어깨는 자정을 넘지 못한다 검은 구름이 몰려왔지만 나뭇잎 하나 펄럭이지 않는다 사과 한입 베어 물면 이빨 사이에서 검은 피가 배어 나온다 송곳니에 끼인 살점들의 아우성을 삼킨다 그대는 내 앞에 없고 그대 뒷모습 앞에서 나는 난파선처럼 서 있다 육교 위에 떠 있는 그믐달이 늑대의 눈빛으로 아래를 내려다본다 주인을 알 수 없는 그림자들이 거리를 배회한다 육교는 멀다, 가교는 더욱 멀다 떠나보내야 할 사람에게 연민을 느껴선 안 된다 사랑은 끝났다, 덤프트럭 바퀴가 귓전을 할퀴며 자정을 넘는다 좌회전을 하면 그대가 보일 것 같지만 내 마음속엔 좌회전이 없다

## 해독되지 않는

휘슬러의 야상곡이 커튼으로 드리워져 있다 밤의 기억들 짐승처럼 울부짖는 새벽 어제 먹다 남은 노을 몇 조각을 포크로 찍는다 입속에서 폭풍이 몰아치고 긴 속눈썹이 나부낀다 명치 끝에서 달무리가 타오른다 주인 잃은 발자국 소리 동공 속에 쌓인다 꽉 들어차 있는 잠을 끄집어내어 접시저울 위에 올려놓으면 바늘은 두 바퀴를 돌고 멈춘다 반복 재생되지 않는 어둠이 유성우에 섞여 쏟아진다 해독되지 않는 내일이 타임캡슐 속에서 부화된다

## 프로스트의 침묵

붉은 노을이 흐느끼는 박물관으로 간다

그믐달이 비명을 지르는 문 밖에는 마그리트의 날카로운 눈빛이 사진 속을 배회하고 있다

아득한 소리의 바다를 유영하며 칸나 한 송이 휘파람을 건져 올린다

판도라 상자 속에서 새가 울고

어제 들었던 슬픈 목소리가 오늘은 광시곡(狂詩曲)으로 어둠의 환부를 열 때

늑골을 파고드는 수천 마리 빙어 떼…… 프로스트의 침묵은 프로스트만이 안다

틴호일의 침묵이 질주하는 동안 누군가 봉인된 후생을 넘나들며 그믐달을 건너간다

원주민 마을로 찾아온 십자성이 소리의 껍질을 베어 물고 잠이 든다

## 야행성

우산을 받쳐 쓴 중절모가 공중을 배회한다 동사무소 뒷마당에서 아우성인 성조기는 겨울밤을 기억하며 늙어간다 실핏줄 터진 달빛의 신음이 도로를 홍건히 적신다 깃발의 눈썹이 떠돌이 마대 속으로 들어가자 녹슨 자전거를 찾는 전단지가 헤드라인에서 눈을 번득인다 SNS에 중독된 뉴스가 지하 대피소에서 세월과 동침할 때 나는 지도를 펼쳐놓고 지나간 바퀴를 검색한다 박태기나무의 야행성이 비틀거리는 도시를 끌고 간다 새끼 고양이 울음소리가 귓속 가득 고인다 올빼미를 찾으려 했지만 찾지 못했다, 나는 끝내 눈을 뜨지 못할 것이다 르네 마그리트의 검은 점들이 빗발처럼 쏟아진다

## 수족관 속의 폭풍

저기압이 깃발을 세우자 열대어들이 수족관을 탈출한다 시베리아 횡단열차를 끌고 가는 바이칼의 자작나무는 사열하듯 행진을 한다 밀리터리 룩 걸친 가로수들 물속으로 뛰어든다 밤을 열어젖히면 호수가 뒷걸음치고 하늘에 걸려 있는 마지막 파도가 빠져나간다 궤도를 이탈한 태양이 덜컹거릴 때 철길은 가끔씩 근육질의 길을 건져 올린다 물 위를 달리는 새들에겐 브레이크가 없다 일곱 번의 아침이 반복하여 가속페달을 밟는다 붉은 꼬리를 세운 늙은 구피가 일탈을 꿈꾸는 동안 아가미가 닫히고 폭풍의 무덤이 검푸르게 일어선다

# 나는 아직 발아 중이다

나는 지금 아이슬란드로 간다
늑골 속에 숨죽이는 전생을 지고
스캔 뜬 뼈들이 먼저 길을 떠난다
이방인의 눈빛으로
갈기 세워 허공을 삼킨다
오로라가 벼랑 끝에서 몸을 키운다
별빛을 굴리는 백야가
코발트빛 화염 지나간 표지판 위에
적막을 풀어놓는다
풍장을 부르는 하늘이
늦봄을 길어 올릴 때
사막을 짊어진 생애가
들불처럼 일어선다
발기하지 못한 나무들
푸른 닻을 내리고
흩날리는 머리칼 사이로
길을 묻는 새들의 울음이 서 있다
자정에 눈을 뜨는 태양이

나침반 없이 서쪽으로 등을 내민다

나는 아직 발아 중이다

# 재개발

낯익은 얼굴들이 꿈속에서 일렁거린다 적막이 열리고 봄볕 아래 하얀 기억이 떠돌아다닌다 떠난 자들은 떠난 자들끼리 사연을 키운다 철거 날짜가 찍힌 녹슨 우편함에서 햇살이 슬픔을 게워낸다 노을이 빠져나가는 골목에 헛기침 소리 낮게 깔린다 조감도를 잘라내면 오래전 시간들이 살아나온다 크레인은 크레인의 방식대로, 철거민은 철거민의 방식대로 집을 들어 옮긴다 공터에는 낡은 그네가 해종일 키 높이로 흔들린다 멀리 빌딩 유리창에 걸린 봄날이 복사열을 쏘아 보낸다 동물병원 간판이 검은 외투를 벗어던진다 유기된 개들이 유기된 봄날을 걷고 있다

# 익스프레스

익스프레스 간판은 이른 아침부터 귀를 세운다 두 개의 하늘을 삼킨 이팝나무에서 새가 되지 못한 잎들이 떨어진다 가을장마는 며칠째 이어지고 있다 도시는 코발트빛으로 낭자하다 낡은 청바지의 램브란트가 40호 붓질로 바다를 찍어 올린다 팔레트 위에서 출렁이는 파도가 수족관으로 옮겨 앉는다 늙은 화가의 베레모에서 물방울이 뚝뚝 떨어진다 태양이 젖는다 마음이 젖는다 익스프레스로 왔다가 익스프레스로 떠난 여름을 기억하자 램브란트의 붓질이 빨라진다 팔레트에서 바다가 흘러넘친다 익스프레스, 익스프레스…… 속성의 가을이 익어간다

# 무료급식소

낡은 벽보 아래서 한 사내가 담배를 태우고 있다 형체는 보이지 않고 연기 사이로 입술만 떠다닌다 안나푸르나에서 건너온 구름이 눈발을 토해낸다 무료급식소에 무료한 삶들이 모여든다 리어카에 실린 젖은 고물들에게도 영혼이란 게 있을까 하수구 틈새에 핀 민들레는 어제의 꽃을 들고 방치되어 있다 누군가의 고달픈 저녁이 지하계단에서 하모니카를 분다 불빛 아래 하루살이 떼에게 내일은 환상일 뿐이지만 그것마저 없다면 오늘이 더 무료해질 것이다 낡은 벽보 속에서 겨울 장미가 피어난다 배고픈 별이 더 밝게 빛난다

# 표류하는 그림자

집 나간 여자는 서둘러 집을 잊는다 갈까마귀 울음이 미명을 찢는다 남겨진 쪽방촌의 세간들은 말이 없다 빈손이 더 편할 때가 있다 무덤에서 나와 무덤으로 향하는 발걸음이 무겁다 새벽을 달구는 기사식당 유리창에 산발한 생애가 파닥거린다 여자의 기침 소리가 밥공기 가득 채워진다 산복도로의 계단들은 숙주를 잃고 야위어 갈 것이다 전신주에 기생하는 구겨진 전단지도 이제 풍문을 버려야 한다 배롱나무 그늘도 더 가난해질 것이다 아무도 집 나간 여자의 행방을 묻지 않을 것이다 하이에나들만 표류하는 그림자를 물어뜯을 것이다

## 소리의 일탈

블랙홀 속에서 빠져나가는 보잉747 함성이
대기권 밖으로 이별을 쏘아 올린다
독수리 한 마리
비행 바퀴를 낚아채면
활주로를 이탈한 마리아 칼라스의 목청이
뜨거운 적막을 풀어놓는다

바벨탑을 쌓는 주파수가
기지국을 빠져나가는 동안
스티븐 잡스의 사과나무에서 떨어진 홍옥 반쪽
세상의 잡음을 행성 밖으로 송출한다
깨어진 소문들이 굴러다니는 지구촌엔
붉은 로맨스가 쏟아지고
뉴스를 강탈하고
앵커들의 입술은 3박 4일 헤드라인에 떠다닌다
메아리 없는 대답이
거미줄에 걸려 아우성치면
허공에 찍히는 너의 목소리에 경고등이 울린다

탈출한 하늘이 늙은 길을 끌고 오면
성난 천둥소리가 떼 지어 날아오른다

# 붉은 커피콩의 반란

애벌레들이 아라비카 커피콩을 배설한다 다마스쿠스 카페 지붕은 뜬눈으로 커피나무를 위로하며 햇살을 드립한다 여과지를 통과한 유월이 아마존 강물을 나에게 던져준다 물속에 잠긴 전생이 떠오르고 물살에 씻긴 모래밭에 1052 숫자가 우후죽순 자라난다 항하사(恒河沙)에는 희망이 없다 노을이 내 목을 감고 침몰하면 지평선에서 타오르는 그대 이름 간절하다 어스름을 내걸면 엉겅퀴가 두개골을 파헤치고 내 심장에서는 빙하가 요동을 친다 검은 시간들이 녹아내리는 밤이면 디오니소스 팔뚝은 우주의 길을 채집하고 바리스타의 혓바닥이 모카 향을 지옥으로 추방한다

# 오래된 골목

내비게이션이 자동차를 끌고 오면 나이 든 푸시킨 돌계단에 앉아 햇살을 헤아린다 늙어버린 마을을 투어 하는 해킹족들 어린 왕자 앞에서 서성이고 잿빛 구름 몇 점 기억 저편에 나부낀다

작은 박물관 어깨에 매달린 빛바랜 문자들 대형스크린 이마에 핏기가 돌고 중첩된 길들이 싹을 틔운다 은목서 나이테가 숲을 건너온 문장들을 읽는다 가판대에서 술렁거리던 그림자가 창문에 기대 한숨을 뱉는다 장벽은 높고 어둠은 깊다

골목을 빠져나가면 수척한 하늘이 고개를 내민다

## 이륙하는 신발

사이프러스 그늘 아래 구두 한 켤레가 놓여 있다
압셍트에 취한 나무들이 황색증에 비틀거리고
별빛을 덮어쓴 늙은 화가의 심장이
파닥거린다
굵은 땀방울에 절여 있는 신발이
슈퍼 콜렉터의 눈빛을 쫓아
종소리 나부끼는 산티아고 순례길을 간다
해독할 수 없는 발자국이
흩어져 있는 길 위에서 신음할 때
탁본된 붉은 그림자들
캠퍼스를 노려본다
나침반을 놓친 비명이 허공을 내리치면
그믐달을 견인하는 떠돌이별 하나
건널목을 붙들고 흐느낀다
천사밥집 앞에서
허기진 영혼을 풀어놓는 노을이
거미줄에 걸려 있다
현기증 앓는 까마귀 떼 날아오르고

별빛 흘러내리는 지평선에
폐기된 생이 땅거미를 끌고 간다

## 주홍 글씨 속의 유령들

공터를 빠져나가는 낮달이 가속페달을 밟는다 미분양 속도가 플랜카드에 매달려 요동을 친다 폭주족의 정오는 늘 이렇듯 격렬하다 오토바이 바퀴에 검은 산 하나가 끌려온다 검은 산 하나가 내 어깨 뒤에서 솟아난다 산 그림자는 구십 도 각도로 마지막 가로등을 목에 감는다 사거리 교차로를 짊어진 사내가 바람의 갈퀴를 뽑아들고 구름을 향해 뛰어오른다 주홍 글씨 속의 유령들이 태양의 목덜미에서 타들어 간다 비명을 지르는 자동차들의 공중부양, 놀란 LED 간판들 형광 속에서 튀어 나온다 팔월과 구월 사이 삼백 볼트 내비게이션이 지구촌을 뜨겁게 발화시킨다 플라타너스 오른쪽 눈에 붉은 사이렌이 타오른다 점멸등에서 종소리가 쏟아지고 분양받은 지구 하나가 소용돌이친다

# 제2부

# 미술관 인문학

정물화 속에서 유월의 반란이 일어선다 졸참나무가 적도를 흔들고 늙은 화가의 머리칼이 소나기를 불러 세운다 눈썹 태우는 잎새들 혁명의 눈빛을 치켜뜨는 동안 시든 달빛이 미술관 지붕을 깨운다 부서지는 햇살이 가면을 쓰고 레일 위를 달린다 적막을 불 지르는 빈센트 반 고흐가 자화상을 끌며 간다 햇빛을 수집하여 적막을 방출하는 그림자 너머로 토막 난 주파수가 흩어져 있다 조각상이 풀밭 위로 걸어 다니고 벗겨진 발자국이 귓불에 걸리면 화폭을 찢는 사이렌이 거꾸로 빗발친다 나선형 계단을 돌아서면 봉인된 화첩 속에서 게이샤를 사랑한 철 지난 벚꽃이 메멘토모리를 외친다 검은 뿔이 돋아난 베레모가 이젤 위에서 눈을 뜬다

## 폴 세잔의 고뇌

프로방스의 하늘이 내려앉으면 폴 세잔의 캔버스 위로 오리떼 날아오른다 깃발 없이 나부끼는 자화상이 환승역 지나는 어깨 위에 꽂히고 마흔의 고뇌가 원기둥에 감겨 휘청거린다 울창한 폭설이 떡갈나무 숲을 뭉개어 담채화를 그린다 무너진 계곡 몇 채 미술관 등판에서 뜨겁게 불탄다 목조계단을 돌아 나가는 늙은 화가의 머리칼이 층계를 오를 때마다 일 미리씩 몸부림친다 한 남자의 생애가 상현달 그림자에 갇혀 요동을 친다 유폐된 들판을 스케치하는 작품 19번 까마귀 울음이 발길에 채인다 메마른 안개가 액자 속에서 흘러내린다

# 시간 여행자

잿빛 중절모 하나 액자 속에서 햇살을 풀어놓는다 바람 한 자락 지나가자 구릿빛 목청은 휠체어 바퀴에 감기고 파리한 기침 소리는 나팔꽃으로 피어난다 시간 여행자 고흐가 자동차를 운전하며 바다 위를 달린다 파도가 도슨트 어깨 위로 넘실거리고 키 낮은 신호등은 모래시계를 베고 눕는다 아기 고래 한 마리 바다 속 봄날을 견인하여 지붕에 걸어놓는다

할로겐 불빛을 머리에 꽂은 잠수함이 미술관을 여행한다 수족관에서 탈출한 물방울 사이로 금붕어 몇 마리 헤엄쳐 다니고 녹슨 닻줄에 묶인 초침 소리가 놀라 깨어난다 익사한 노을이 돌아오면 그림 속 남자가 걸어 나와 파도 소리를 건져 올린다 출렁이는 바다를 도려내어 전시장에 진열하는 동안 하오의 사이렌이 푸르게 울려 퍼진다

## 폴 고갱의 여인들

바다를 품은 상현달이 200호 액자 속에서 요동을 친다 부드러운 달의 속내를 읽고 싶어 가까이 귀를 대고 엿듣는다 북극성이 달그림자를 유혹하고 네온사인이 별빛을 뿜어내면 하현달을 짊어진 사내는 붉은 타히티 섬을 벗어던진다 미술관을 흥건히 적시는 소쩍새 울음이 허공에 찍히자 그림자를 잃어버린 파도가 문 밖에서 몸부림친다 아낌없이 달아오르는 도시의 불빛들을 뒤로한 채 폴 고갱의 여인들이 다운타운을 탈출한다

## 유리병 속의 미술관

갤러리로 들어서면 밀려온 파푸아뉴기니 바다가 발목을 적신다 플라잉폭스 떼 울음이 공중에 박혀 있고 박쥐들의 그림자가 어둠을 깎아 먹는다 부챗살 날개 위에 파도가 넘실거리면 낮달이 배회하는 골목길에 녹슨 별들이 쏟아진다 핀셋으로 빗방울 하나 집어 호리병에 채운다 병 속으로 소나기가 내리고 무지개가 뜬다 모자이크 처리된 일곱 빛깔의 주파수가 미술관 지붕에서 흘러내린다 달빛의 채널이 작동되고 수신 불량 지역의 어둠은 전신주에 걸려 퍼덕인다 블랙과 펄이 팔레트 위에서 경쾌하게 몸을 섞는 동안 액자 속에서 깨어난 초고층 빌딩 숲은 도시를 배회한다

# 미술관 퍼포먼스

텅 빈 백색의 캠퍼스가 놓여 있다

긴 머리를 늘어뜨린 여자가 걸어나온다
숨죽인 듯한 무대 위에서
나신의 여자는 키위 주스를 빨아올린다
식도를 넘어가는 파란 액체가 몸을 파고든다
모세혈관을 건너가는 녹색 피가
심장 소리를 파랗게 물들이며 뜨겁게 요동친다
시간이 정지되고
눈을 감은 여자는
코발트색 물감 통에 머리카락을 적셔
캠퍼스에 붓질을 한다
사선으로 붓을 내리찍자
수평선이 밀려오고 파도가 출렁인다
카메라의 렌즈가 쉴 새 없이 돌아가고
조리개 속에 갇힌 여자는
실눈을 뜨고 핀 조명을 바라본다
눈동자 속으로 별똥별이 떨어진다

전시장을 비추는 별빛이 여자 어깨를 타고 내린다

플래시가 터지고
퍼포먼스를 끝낸 여자의 눈빛이
카메라 속에 잠겨 있다

## 천경자

여자는 꽃으로 진화한다
비어 있는 동공에 달이 뜨면
별들이 날아와 빛으로 영글고
여자의 콧날을 타고 달빛이 흘러내린다
달무리가 여자의 속눈썹에 걸려 있는 동안
향기를 잃은 봄밤은 저물고
도둑고양이 눈빛은 담장을 할킨다
그믐달을 갉아먹는 쏙독새 울음이
밤하늘을 핏빛으로 물들인다
잠에서 깨어난 디기탈리스 꽃술에
말벌이 찾아와 입을 맞춘다
이슬이 발자국을 찍는 새벽녘
여자의 숨결은
늙은 연인들을 화원(花園)으로 초대한다
무르익은 나의 꿈길에
이름 모를 꽃들이 다시 핀다

# 빈센트 반 고흐와의 조우

밀밭을 지나자 빈센트 반 고흐의 뒷모습이 보인다 수줍은 밀짚모자가 하늘을 올려다보고 있다 누군가의 영혼을 불러내듯 고흐의 손끝에는 해바라기 밭이 펼쳐져 있다 한 생애가 닦아놓은 길이 곧게 뻗어 있다 아무도 가지 않는 길 위에 수줍은 밀짚모자가 솟대처럼 솟아 있다 무덤가에 핀 풀꽃은 이름도 없이 아름답고, 나는 더 늦기 전에 아름다운 이름 고흐를 불러본다 희미한 미소가 해바라기 밭을 건너온다 나는 지금 시간의 불법체류자, 나에게도 밀짚모자가 필요하다

# 회랑의 유령들

미술관 지붕에 달빛이 걸리고
남자는 초상화 속에서 늙어간다
도시가 물감을 뒤집어쓴 채
깊은 잠에 빠져든다
가로등도 졸음에 취해 있다
새벽 두 시의 새들이 잠든 시각
주름살이 깊어진 남자는
수염이 자라나 입술을 덮고
머리칼은 시름에 젖어 휘날린다
패인 이마에
가득 달빛이 고인다
쇠사슬에 묶인 가면들
하나 둘 걸어 나와 퍼포먼스를 펼친다
파란 불꽃이
쪽문을 통해 어둠 속으로 사라지면
무대를 돌아 나오는
사내들의 웃음소리가 찢어진다
발정 난 고양이들의 울음이

새벽하늘에 매달리고
회랑을 돌아 나가는 불빛은
후드 가면을 쓰고 행진을 한다

# 어느 사진작가의 달빛

겨울 들판으로 승합차 한 대가 질주한다 보랏빛 하늘이 펼쳐지고 국경을 넘어온 수천 개의 달이 쏟아진다 달의 산란기를 기억하는 오로라가 그믐달을 부화하여 건초 더미 위에 진열한다 주파수를 맞추어 썰물의 배란일을 유리창에 내걸면 남자는 사다리에 올라 초승달을 갈아 끼운다 지구본을 교체하는 작업이 시작되고 바다의 흐느낌이 밤하늘을 적신다 금간 달빛을 수선하는 남자의 발밑에서 덜 자란 속살들이 부풀어 오르고 달콤한 크림이 흘러내린다 작은 섬들이 쌓여 있는 마카롱을 해체하는 동안 구름의 살점들이 녹아내린다 눈보라 치는 노천 무대 위에 노작가의 눈썹이 휘날리면 수선공은 별빛 아래서 달의 속눈썹을 수혈한다

# 어느 사진작가의 달빛 2

한밤중 사내는 갓 깨어난 어린 달을 싣고 해안가로 나간다 조금사리 지난 바다는 숨죽인 듯 고요하고 파도 소리는 해안선을 잘라 방파제 위에 꽂는다 잿빛 구름이 난무한 하늘을 잡아당긴 남자가 상현달을 공중으로 방출한다 체류기간이 끝난 초승달을 뽑아내고 눈부신 슈퍼문을 양팔 가득 안아 별빛 사이에 매단다 달의 숨소리가 톱니바퀴에 끼여 돌아간다 핀셋으로 별자리를 하나씩 옮겨놓는 동안 밀물이 들어와 해일의 주파수를 맞추고 달빛은 헝클어진 렌즈를 조준한다 새벽녘 잠을 놓친 르네 마그리트가 밤의 이면을 펼쳐놓고 달의 발자국을 그려 넣는다 브레이크 풀린 행성이 늙은 사진작가의 머리칼을 끌어당긴다

## 천경자의 꽃밭

새들이 떠난 들판에
꽃무늬를 찍는 서늘한 눈동자 하나
실바람을 피운다
백치미에 빠진 간절함은
속눈썹을 떨게 한다
서른다섯 마리의 화사(花蛇)가
여자의 어깨를 감싸며
긴 혓바닥으로 붓질을 한다
푸른 캠퍼스에
물망초가 눈을 뜨고
깊이를 알 수 없는
탱고가 넘실거린다
황혼녘
흐드러진 난초 밭에서
장자를 기다리는 여자는
망중한(忙中閑)을 꿈꾼다
연못 가장자리로 울려 퍼지는
뱀의 울음소리

전설의 화폭 위로
화가의 슬픈 혼(魂)이
망부석으로 굳어간다

## 생텍쥐페리의 모래밭

키가 자라지 않는 사이프러스 숲에서 방울뱀이 길을 묻는다 달빛을 마시는 새끼 양이 흩어지는 종소리를 일으켜 세우면 혹성이 쏟아지고 신기루가 한 뼘씩 자라난다 하늘을 추월한 반달이 여우 꼬리를 추적하면 염탐꾼은 불시착하는 오후를 조종한다 비행사가 장난감 교향곡을 타전하자 낮달이 빠져나온 우물에서 어린 왕자가 별을 딴다

오아시스의 눈물이 쌓이면
사하라 등판이 열리고
거미집 위에서 그믐달이 솟아오른다
눈썹에 번개를 단 여우는 하늘을 끌고 와 풍차를 돌린다
길을 묻는 그림자가
조종사 모자에 적막을 풀어놓으면
울창한 별들이 모닥불을 지피고
사막의 울음소리가 노을에 걸린다

# 어느 사진작가의 바다

갈라진 바다 위를 걷는다 파도의 혓바닥이 깨어지고 수평선을 끌어당기는 물갈퀴는 회오리 물살 속으로 잠수한다 세찬 빗줄기가 소용돌이에 시달리며 질주할 때 꺾인 달빛은 섬 하나 건져 올린다 역주행하는 삼각파도의 절규는 바위에 부딪쳐 흩어지고 에게해를 삼킨 폐선들이 무리 지어 몰려온다 닻을 내린 무인도가 고기 떼를 유인한다 거리의 불빛이 떠다니고 유리병 안으로 뱃고동 소리가 달려온다 해시계가 물보라와 사투를 벌이며 서서히 파도 속으로 잠적한다 분침 소리 위에 어린 고래가 매달린다 공중에서 먹구름이 쏟아지고 구름 사이로 형형색색의 열대어가 헤엄쳐 다닌다 시간이 침몰하고 있다

## 침묵의 귀

초상화의 두 귀는 닫혀 있다 듣지 않음으로 더 크게 듣겠다는 암묵적 결의(決意)를 본다 야윈 입은 더 굳게 잠기고 침묵의 귀는 열리지 않는다 가슴이 해독하지 못하는 입술은 소리만 남길 뿐 소리는 언제든 잦아든다 밀서를 태우는 햇살은 빙의에 빠져든다 심장을 파고드는 검붉은 목소리들 실어증 앓는 그림자가 숨을 죽인다 사유의 터널 속에서 굳어버린 무명(無名)이여 내가 그대의 귀에 속삭이리니, 그대의 결의를 나에게 다오

## 북극성

낡은 신발 속에 빈센트 반 고흐가 잠들어 있다 꿈속을 뒤척이는 화가의 왼쪽 신발이 파도에 밀려 떠다닌다 피안을 질주하는 북극성에 반세기의 바다가 출렁거린다 별빛이 꿈틀거리는 액자 속에서 시뮬레이션을 펼치면 남자의 비애가 압셴트 술병을 타고 오른다 재생된 하늘이 시계 방향으로 흘러내리고 검은 기타를 뜯는 남자가 아몬드나무 아래서 까마귀 날개를 복제한다 주행 중인 행성은 초승달을 갈아 끼우며 액자 밖으로 어둠을 던져버린다 신호 대기 중인 가면들이 라이브를 생중계하고 화가는 달그림자를 감으며 환생을 꿈꾼다 타임머신을 타고 온 발자국들이 피라미드를 끌며 긴 터널을 빠져나간다

# 모래시계

표류하는 사막에서 사내는 밧줄에 묶인 회중시계를 끌고 간다 몸을 감은 동아줄이 휘청거리고 허벅지에 분침이 매달린다 쌍봉낙타 발굽이 태양의 갈기를 잡아당기면 근육질의 달빛이 전갈 울음을 출력한다 어두운 혁명으로 우거진 사내의 과거가 압축되어 번쩍이고 모래언덕에서 오아시스는 월식을 기다린다 혼돈 속으로 침몰하는 달력의 숫자가 개화기를 기억할 때 빨갛게 익은 정오가 배달된다 양 어깨에서 뜨거운 비애가 울부짖는다 발목을 휘감는 태엽이 가면 쓴 암호들을 풀어놓는다 모래시계에서 구름기둥이 빠져나가는 동안 바늘은 크로노그래프를 돌리며 거대한 속도를 굴린다 회전하는 피라미드가 지평선 끝에서 달려온다

# 제3부

# 19번 방

열화상 카메라 앞에서 바코드를 찍는 순간 눈동자에 갇혀 있는 모나리자의 붉은 입술이 튀어 나온다 왼쪽으로 기울어진 한쪽 눈을 감으면 앙다문 미소가 화면 위로 떠오른다 다빈치 코드 작동이 시작되고 미켈란젤로는 해독할 수 없는 지구상의 색채들을 쓸어 모아 화폭에 옮긴다 이름 모를 꽃들이 짝짓기를 하고 새들은 노래하며 향기를 퍼 나른다 벌레 문양의 기호들이 기어 다니는 작은 방 안에 그믐달이 거꾸로 뜨고 피라미드의 형상이 모자이크 처리되어 진열된다 빙하를 측정하는 계기판에 빨강 불이 들어오면 기억상실에서 풀려난 여자가 방문을 열고 맨발로 걸어나온다 바코드에 찍힌 그 여자의 체온이 전광판을 뜨겁게 달군다

# 거리 두기

이른 새벽 6시 종소리가 울려오면 절간의 기둥들은 무언의 눈빛으로 행진을 한다 누가 말하지 않아도 한 팔 간격으로 비껴서면 동자승의 발소리 하나 들려오지 않고 양팔의 날갯짓은 걸림 없이 하모니를 이루며 자유롭다 고른 어깨를 유지하며 하늘을 떠받치는 몸짓이 고요하다 못해 시리다 이따금 사위를 깨우는 박새 울음이 허공을 맴돌고 울창한 적막은 공간을 초월하여 뻗어 있다 낯선 풍경이 잉태되고 새로 태어나는 그림자들은 유효기간을 부여받는다 인적이 끊어지면 북극성은 변방으로 돌아가고 난파된 뻐꾸기시계는 2단계의 어둠을 밀어낸다 건널목 앞에 서 있는 별살이 차단기를 내리면 비로소 하현달이 뒷걸음질 친다

## 거리 두기 2

타워펠리스 하늘정원에 전갈 한 마리 세 들어 산다 변방 살이가 시작된 지 삼백여 일 비밀번호를 눌러 옥상으로 출근하는 남자의 발자국 소리를 듣는다 새벽에 귀를 세우는 별똥별은 뜨거운 헤드라인 뉴스로 하루를 점치며 초침 밖으로 꽃무늬를 찍는다 들불처럼 번져오는 풍문을 마스크 속에 구겨 넣고 폐쇄된 바람의 기침 소리를 비상계단에 펼쳐놓는다 2미터 간격을 두고 블루베리 나무들이 꽃을 피우고 왕관 쓴 열매를 스케치하는 계절은 99층의 높이를 구구단 외우듯 내뱉는다 격리된 별자리가 멈춰버린 봄날을 되새김질하며 신발을 벗어놓고 후문으로 뒷걸음친다 빌딩 사이에서 나부끼는 열감지기에 경고등이 켜지면 격상된 남자의 하루가 바코드에 저장된다

## 이륙하는 신발 2

고속도로는 가속페달을 밟는다
블랙박스 속에서 잠자는 속도가 깨어난다

깎아지른 벼랑을 트레킹화 속에 구겨 넣으면
로드킬 당한 길들이 일어선다
모하비 사막에 찍힌 구겨진 발자국들이
맹금류의 그림자를 쌓아 올린다

레오파드 거북의 행군이 시작되면
신발 뒤축에서 활주로가 펼쳐진다

해바라기를 끌고 가는 고흐의 고뇌가
낡은 캠퍼스에 인화된다
방향을 잃어버린 새떼의 체온이
포르말린에 취해 비틀거린다

녹슨 새들이 무리 지어 날아오르고
진흙탕 위로 깨어진 이차선이 펼쳐진다

비행을 꿈꾸는 장기수의 망토 자락이
난기류 속에서 바람을 자아 올린다

비도 내리지 않는 모래무지
짙은 운무 속에서 숨을 죽인다

## 19번 게이트

추락하는 오후가 낮달을 풀어놓으면 실어증에 걸린 숫자들이 선별진료소 앞에 줄을 선다 자가 격리 중인 구름이 떼 지어 모여들고 남루한 영혼들 주검 앞에서 거리 두기를 한다 빗발치는 소문으로 떠내려간 도시가 지하철 2번 개찰구에 멈춰 선다 인파에 떠밀려 출구를 빠져나온 빌딩 숲은 사다리차에 몸을 맡겨 언덕을 바삐 오른다 전철에서 마스크를 쓴 짐짝들이 눈을 감은 채 쏟아져 나온다 자명종 소리는 통금을 무시하고 달린다 문을 걸어 잠근 종합병원 앞에서 구급차들이 시위를 한다 번호표를 받지 못한 시시포스의 돌덩이들이 아우성친다 가로등이 눈을 감은 채 어둠 속을 질주할 때 검붉은 가시 꽃의 내력을 찾을 수 없는 겨울이 온다

# 과속금지구역

숨 가쁘게 달려온 캐딜락의 발자국
뜨거운 숲을 쓸어내린다
시속 이백 킬로미터가
몰래카메라의 눈빛을 속이며
속도계를 가슴에 구겨 넣는다
늑골 속 불빛 몇 점
바리게이트에 걸려 출렁이고
북풍에 나부끼는 자정은
낡은 경계선을 할퀸다
어두운 빗장을 벗기면
푸른 머리채 위로
하늘 한 자락이 펄럭인다
적막은 지평선을 분만하고
분노가 서리는 계기판에
돌개바람 비명을 풀어놓는다
낯선 거리에서
미아로 치닫는 속도
정지선 앞에서 스키드 마크를 찍는다

# 한밤의 경주

하이힐이 깊이 잠든 자정이면
지친 그림자 하나 현관문을 열고 사라진다

경적 소리 나부끼는 횡단보도 위로
어둠의 고뇌가 비틀거리고
바람의 상처가 탁본되어 펄럭인다

달빛의 내력을 기억하는 야적장은
브레이크 풀린 구둣발을 저장한 채
가로등의 날카로운 눈빛을 낚아챈다

벼랑을 품고 태어난 아득한 길들이
사슬에 묶여 허공으로 솟구친다
새벽달 허리에 걸린 갈색 작업화 한 켤레가
축축한 공사판에서 신음한다

폐부를 찌르는 벌새 울음이
남자의 신발 속에 쌓일 때면

달리의 화폭에 찍혀 있는 새소리는
불시착한 활주로를 끌고 간다

나선형 계단을 오르는 투명한 발자국
가속도가 매달린 뒷굽으로 가속페달을 밟는다
안전모를 조종하는 사내의 고단함은
하늘 길을 풀어헤친다

# 꿈속의 잉카

줄무늬 열차를 타고 산맥이 달린다
산허리를 힘겹게 두른 안데스가 척추를 세운다
하늘이 파란 철책을 두른 채
쓸쓸히 늙어가고
낡은 지붕 사이로 철길이 펄럭인다
공중부양 된 옛 도시가
마추픽추 등판에서 익어 가면
일곱 빛깔의 아침이 날아다닌다
가쁜 숨결 내뿜는 해바라기
피리 소리에 귀를 씻는다
콘도르가 태양을 목에 감고
아르마스 광장에 혼을 풀어놓는다
계곡을 건너가는 기도 소리
붉은 미사를 올린다
여덟 시 기차가
전생을 삼키고 달아나면
나스카 라인에 꽂힌 짐승들의 울음이
수천 길 벼랑으로 몸을 날린다

# 나는 길을 조율한다

삭막한 이차선이 무너진다
거울 뒤편의 시간들이 건널목과 내통할 때
목젖에 걸린 통증이 환하게 부서진다
길목마다 제 그림자 돋아나고
갇혀 있던 알리바이가 입술을 연다
북풍이 빠져나간 정지선에서
휘어진 길들을 견인한다
빙하기를 넘나드는 탐지기가
쓸쓸한 침묵을 털어내면
붕괴되는 별빛들 쓸려 나간다
찢어진 바람이 정수리를 내리치고
불빛이 도시를 일으키는 사이
어둠이 시베리아 횡단열차를 출력한다
내 꿈속을 감시하던 카메라가
절망을 인화하는 사이
붉은 신호등이 비명을 뱉어낸다

# 소리에 대한 변론

좌초된 목소리가 잠든 바퀴를 깨운다

잠의 지퍼를 열면
파열음을 내는 경적 소리
자동차가 지나간 흔적들을 수집한다
거리의 비명들은 숨죽여 꿈틀거리고
낭자한 앰블런스의 발자국들
잃어버린 봄을 성토한다
무임승차한 구름이
지하철 4번 출구를 돌진하는 동안
공중으로 치솟는 깃발들의 함성이
분수대를 점령한다
폭죽이 쏟아진다
알 수 없는 소낙비 한 줄기
붉게 도로를 삼킨다

자동차 휠에 녹음된 바퀴는
지금 휴관 중

낮게 공회전하는 하루가

봄날을 끌며 온다

# 도시철도 3

일탈을 꿈꾸며 모래폭풍을 끌고 달린다 뜨거운 히스클리프의 풍차가 달려온다 바람이 형체도 없이 몸부림친다 내 휘어진 갈비뼈 사이로 허무가 부풀어 오른다 환승역에서 돌아온 강물이 개찰구를 빠져나간다 하강하는 에스컬레이터 계단에 하얀 종이꽃들이 떠내려온다 영혼을 짓밟힌 레일 위로 새벽이 질주를 시작한다 스크린도어 앞에 일그러지는 불빛들 기억을 현상하지 못해 굳어가는 바퀴들 꿈속에서도 자라나는 눈썹이 어둠을 드로잉 하면 9호선 옆구리로 절규하는 섬들이 밀려든다

# 마지막 낙엽

황금빛 독백이 나부낀다 순도 90프로 빛깔을 부양하는 도시가 추락하는 음파를 기지국으로 돌려 보내면 유년 시절 매미채 들고 누볐던 들판이 기억 속에서 비틀거린다 SNS에 길들여진 전두엽이 검증되지 않은 불빛을 방출하면 안테나에 걸린 까치 소리 새벽을 배회한다 마대자루에 경적 소리를 쓸어 담는 여자의 어깨가 눈에 밟힌다 아침이면 영혼을 조각한 뉴스들이 곡선으로 떠돌고 지문 없는 은신처가 곳곳에 도사린다 폴더마다 저장된 혹성들이 염문을 뿌리면 어린 새들의 울음이 파닥거린다 포르말린에 취해 한 생을 날려 보낸 허공으로 알 수 없는 붓질이 차갑게 획을 긋는다

## 포토

타임캡슐을 펼치니
작은 액자 속에 여덟 칸의 문이 열리고 있다
해맑은 입가엔 꽃잎 몇 장 벙글어지고
밤이면
피터팬 되어 하늘을 나는 꿈을 꾼다
네버랜드 한 켠에 세 들어 사는 아이가
양탄자를 타고 날아다니며
푸른 불꽃이 넘실거리는 지구를 횡단한다

#
사내아이의 행성엔
발톱을 세운
붉은 박쥐들의 울음이 매달려 있다
두근거리는 열 짝의 문 앞에서
작은 중절모를 쓰고
별을 조종하는 어린 왕자가 서 있다

##

풍경 속에서
웃음소리가 새어 나오고
녹슨 로봇 하나가 걸어 나온다
함박눈이 내리자
손톱이 자라고
별빛을 수신하는 신발이 무인역에서 떨어진다

## 카르멘

머그잔에 담긴 하늘이 휘청거린다
은하수 허리를 물어뜯는 전갈 한 마리가
우주정거장을 끌고 간다
남자의 어깨가 펄럭이면
궤도를 이탈한 첼리스트
화성인의 발자국을 연주한다

오페라 무대가 하나씩 걸어 나오고
낯선 그림자는
달빛을 꺾어들고 허무에 기대선다
지휘봉을 낚아채는 카르멘이
분열증 앓는 고요를 태우면
객석을 지키는 적막은
난기류 속으로 날아든다

비상구를 탈출한 그믐달은
분리된 지구를 쏘아 올린다
단단하게 익은 별들이

전설로 매달려 있는 계수나무 달빛 아래
체위를 눕히는 동안
바이코누르 발사대는
쓰러지는 달그림자를 일으켜 세운다

## 아웃사이더

요양병원 로비에서 괘종시계가 번호표를 뽑는다 늙은 행성이 리모컨으로 회진을 하고 놀란 피에로는 붉은 입술을 뽑어 올린다 안개가 부정맥을 체크하면 12호 병상은 24시간 잠복 근무 중이다

비상계단이 무너져 내리고 귀 닫은 제비꽃이 적막 속에서 저물어간다 혓바닥으로 열감을 체크하는 컴퓨터가 메일 주소를 클릭하며 풍문을 쫓아간다

잠을 놓친 병실에 링거병 혼자 흔들린다 창 너머 사선으로 끌려가는 시계 소리의 출처는 알 길이 없고 직립을 잃은 달빛이 등뼈를 일으켜 세운다

# 제4부

# 변방의 서(書)

병원은 늘 파산이다 빈 하늘을 채우는 죽음의 그림자가 잿빛 속으로 빠져든다 검은 새가 검은 새를 낳는 저녁 플라타너스도 초록을 벗는다 뜨락에 내려서면 응급실 간판도 흐려져 있고 그믐달 차오르는 날엔 꽃이 진다

구급차 사이렌 소리에 숨죽인 새벽 여명이 깃발에 걸려 나부끼고 있다

# 유배

도시는 바이러스에 봉쇄되어 있다 얼굴 없는 게릴라가 매직쇼를 펼치며 침상을 습격한다 갈라진 하늘이 비명을 지르고 치솟은 골리앗 등판에 오랑캐꽃이 피어난다 폐렴 앓는 숲은 늪지대에 빠져들고 잠을 잃어버린 릴케가 피에로의 심장에서 허무를 채굴한다 염탐꾼이 지친 오후를 내려놓으면 난기류는 아스팔트 위에 흰 피를 쏟는다 갓길에 구름을 놓친 적막이 기어 다니고 마법에서 풀려난 쓰나미가 통곡을 잠재운다 달도 유배를 떠났는지 보이지 않는다 추락하는 별들이 회화나무에 걸려 빛을 잃는다

# 무연고자의 봄날

긴 잠에 묶인 물살이 햇살을 끌어당긴다

밀폐된 벽 속에서 적막이 꿈틀거리고 아스팔트를 갉아먹는
빗소리가 늑골을 휘감는다

관 속에 엎드린 그믐달은 남자의 시간을 끌고 온다

적막을 삼킨 질긴 생애가 속울음을 토해내자 콘크리트 바
닥에서 박제된 가로등이 눈빛을 치켜뜬다

무연고자의 봄날이 갇힌 영혼을 불러낸다

# 달팽이의 신발

낡은 구두 한 켤레가 탁자 위에 엎혀 있다
깨지 못한 허상이 어깨를 짓누른다
생의 부스러기들이 밑창에서 아우성치고
먼 여정을 달려온 외로움은
견고한 울음을 풀어헤친다
웅크리고 앉은 남자의 고단함이
얼굴을 내밀 때
터진 갈피 사이로
하현달의 통증이 쌓인다
비 오는 저녁을
다 건너지 못한 달팽이의 망령이
보호색도 없이
낡은 신발을 신고 성벽에 오른다
지상의 어느 저점으로 돛을 올린 반달
징검다리 위에서 펄럭이고
깊게 패인 구둣발에서 은빛 종소리가 쏟아진다
수취불명의 발자국이 돌아온 밤이면
뒷모습을 짜깁기한 기억들

내 기울어진 숨결에 접속된다
발목을 저당 잡힌 영혼이
천둥 속으로 쏜살같이 질주한다

## 맨드라미

염천 아래
혓바닥 빼물고 서 있는 맨드라미
위독한 짐승 같다

젊음을 다 소진한 탕아의 모습이 저럴까

꽃이었던 시절 지나
스스로 주화입마(走火入魔)에 빠졌다

## 종이 가면

작은 새가 잠들어 있는 몽환의 들판을 걸어갔다 무언가 잡아당기는 소리에 뒤를 돌아보니 보랏빛 안개가 두 갈래 길을 끌고 왔다 왼쪽 길을 가리키며 내 등을 떠밀어 발길을 재촉했다 은밀하게 울려 퍼지는 까마귀 울음소리가 하늘을 덮었다 바오바브나무가 줄지어 선 들길을 따라 걸었다 지루한 그림자가 개울물 속에서 나를 보고 있었다 손을 내미는 순간 나를 닮은 페르소나 하나가 물 밖으로 걸어 나왔다 나는 놀라 뒷걸음질 치며 소리를 질렀다 발목이 접혀 걸음이 떨어지지 않았다 걸어왔던 길들이 은박지처럼 구겨지고 모르는 얼굴이 나를 끌어당겼다 온몸이 바위로 굳어갈 즈음 알람 소리에 눈을 떴다 무덤 속이었다

# 사랑

당신은
위대한 개츠비의 손바닥처럼
나를 끌어당긴다

## 잠들지 않는 여백

너는
다섯 번을 불러야 겨우 뒤를 돌아본다

팔레트에 물감을 푼다
6호 붓으로 발자국을 찍고
잠들지 않는 표정은
음영으로 남겨둔다

보이지 않아
오히려 너무 충만한

공중의 서(書)

너의 품에서
나는 살아간다

## 캠프 하야리아

이빨 듬성한 철조망이 낡은 담장을 기웃거린다
땅거미가 뒷걸음질 치는 철거 부대 정문
햇무리에 비껴 앉는 을씨년스런 경비망이
퇴색한 경고문을 읽고 있다
새파랗게 치솟던 검문은 빛바랜 채 맴돌고
기상나팔 그친 허공에서 떠돌이 구름 둥지를 튼다
이른 아침 비둘기 짖어댈 때
초소 꼭대기에 걸린 하늘이 눈을 뜨고
불면에 시달린 빗소리가 놀라 달아난다
붉은 지붕 막사 앞에
군기에 절어 있는 백양나무 행렬
주름 깊은 추억을 그리워하며
잎사귀들은 귀를 말아 올린다
뼈대만 남은 국기게양대가
졸음에 겨워 바람을 털어낼 때
교회 첨탑이 부산한 비명을 게워낸다
흩어지는 백색소음에
군화의 기억들 깨어나고

오랫동안 짓밟힌 적막이

어린 짐승들 목줄을 타고 일어선다

# 달빛 소나타

타임캡슐에 내장된 내 어릴 적 혓바닥이 기억의 암호를 깨운다 브람스를 사랑한 여섯 줄에 무반주를 걸어놓고 묶여 있는 강줄기를 풀어헤친다 꿈꾸는 어깨 위로 달빛 쏟아지면 바위에 뿌리내린 나의 시간이 판도라의 상자를 펼친다 무르익은 협주곡을 길들이는 자정의 매직 쇼 박제된 달무리가 그림자를 벗어던진다 해독할 수 없는 암호들의 파동 귓전을 낚아채는 첼로의 영혼이 강물로 흐른다

# 팬터마임

조등이 내걸린 무대에서 불빛이 하얗게 떨고 있다 달빛 실은 배 한 척이 빠져나가는 뒷마당 미다스의 손끝에 매달린 영혼 하나 비어 있는 옛집을 물끄러미 내려다본다 눅눅한 생애가 단 한 번 나래를 펼친다 적막을 박차고 올라 황홀하게 타오르는 찰나를 기다린다 낯익은 얼굴이 스크린에 떠다니고 망자의 이름 위에 검은 띠를 두른 노을이 무채색 옷으로 갈아입는다 저무는 길에서는 쇼팽의 연주가 붉은 비단을 펼친다

## 정지된 행로

녹슨 TV는 깊은 침묵에 잠겨 있다 밤마다 안테나가 별빛을 수신하여 남극을 출력하면 아홉 번째 계단에 앉은 남자가 정지 버튼을 누른다 인화되지 못한 세상이 멈추면 경계선에 발자국이 쌓이고 파랑새는 더 이상 노래를 하지 않는다 흩어진 어둠을 쓸어 블랙홀에 밀어 넣으면 간절히 부르는 환청이 귓전을 때리고 수신되지 못한 전파는 난청지역으로 떨어진다 사내들이 오래된 레코드판을 마주 들고 강가로 나간다 축음기에서 물안개가 피어오르고 구름이 강물 속으로 뛰어내린다 놀란 물고기 떼가 날아올라 철탑들이 휘청거린다 다른 행성으로 갈아탄 마지막 승객이 TV를 빠져나온다

## 다시 봄날

강물은 어린 물고기 등에서 깨어난다 부풀어 오른 물소리가 기억 끝에서 역류를 한다 거품들이 보사노바 선율로 날아오른다 물방울 맺힌 유리에 도시의 풍경들이 매달려 있다 거리에는 백색소음이 익어가고 잊힌 얼굴들이 복고풍 걸음으로 저녁을 물들인다 누군가 버리고 간 신발 한 짝이 강물을 넘는다 신발 속에 노을의 붉은 혓바닥이 잠들어 있다 허기진 물그림자가 어제의 기억을 재생한다 눈썹 끝에서 작은 새들이 날아오른다 물고기들은 여전히 눈을 뜨고 있다 아직 더 지켜봐야 할 것이 있다는 듯이

# 그믐달

지문의 흔적을 찾을 수 없는 그믐밤이 정지되어 있다 문살을 갈아 끼운 새벽 갯버들이 손에 잡힐 듯한 낡은 기와집 몇 채를 흔적 없이 삼킨다 안개가 맨발로 행진하는 공터에는 낮은 지붕이 몰래 몸집을 키운다 태양은 몸을 말아 죽은 시늉을 한다 정수리로 쏟아지는 안개, 나는 벼랑으로 밀어버린 달빛을 건져 올린다 눈앞에 펼쳐진 고샅길이 반으로 갈라진다 출구를 찾지 못한 자정이 속수무책으로 타들어 간다 길 잃은 까마귀가 닫힌 공중을 선회한다 몇 해 전 버리고 온 내 전생이 그곳에서 맴을 돈다 내 젊은 반쪽을 덮어쓴 조등이 상엿집 입구에 내걸린다 본 적 없는 조객들이 촛불을 들고 입장한다 눈발은 땅에서 솟고 공중엔 하현달이 타오른다

# 잉카 모텔

사거리를 지나갈 때마다 안데스의 피리 소리가 내 발목을 낚아챈다 잠결에 쏟아지는 수천 개 인디오 하늘이 무리 지어 어둠을 빨아올리며 이방인을 맞아준다 회전문을 밀치고 들어서면 원형으로 돌아가는 벽면에 마추픽추의 그림자가 투영되고 맴을 도는 자정은 경적 소리를 창문에 매단다 공중부양 된 도시가 이차선을 넘는다 풀리지 않는 수수께끼가 꿈속을 걸어와 성벽을 친다 해독할 수 없는 문자들이 기둥마다 새겨진다 지붕에서 떨어지는 이름 모를 별자리들이 머릿속을 기어다닌다 전갈을 쫓아 밤새 하늘을 헤매다 깨어난 새벽녘 침상에 떨어진 별똥별을 주워 손바닥에 올려본다 순간 나스카 라인이 창틀을 빠져나간다

# 협제바다 병법

어느 봄날의 일이다

노인의 원담에 놀러온 거북 한 마리 그만 물때를 놓쳐 바다로 나가지 못하고 맴돌고 있다 놀란 노인은 거북을 만나면 막걸리 한잔 먹여 바다로 보내라던 선친의 말을 생각한다 막걸리는 없고 소주 한 병 사와 거북과 잔을 기울인다 이윽고 해가 저물고 물때를 기다려 거북을 바다로 보낸다 긴 숨 들이쉬며 노인은 거북에게 멸치 떼 한번 데려다 달라며 손을 흔든다 거북은 뒤를 한번 돌아본 후 먼바다로 유유히 헤엄쳐 간다 한 보름 지난 뒤 멸치 떼가 새까맣게 원담으로 모여든다 팔십 평생 그렇게 많은 고기 떼를 만난 적은 없다 거북이의 약속이 한림 가득 꽃으로 피어나고 밤이 이울도록 꽃 멸치의 눈은 노인 등판에서 빛나고 있다

해설

# 백색소음 속의 유령들

고영 시인

## 1.

행운일까? 제아무리 인간의 기대 수명이 백 년을 바라본다 해도 한 생애 동안 세기가 바뀌고 심지어 새로운 밀레니엄을 살게 된 것은 과연 축복일까. 서기(西紀)로서의 첫 밀레니엄의 교체는 문명의 변화와 충격이 거의 없었다. 오히려 '지식과 사유'가 특정 종교와 계층에 의해 독점된 이른바 '암흑기'의 시작이었을 뿐이다. 지금은 역사적 기록이나 소설적 상상으로 그 시대를 추체험할 수 있을 뿐, 거대한 독단 아래 신음했을 인간 조건의 참상은 상상하기도 어렵다. 어쨌든 '디지털 문명'으로 불리는 현재는 정보의 홍수, 또는 과잉의 시대이고 현대인은 누구나 재기(smart), 발랄한 개성의 소유자로 인정되고 있다. 새롭게 도래한 밀레니엄은 인간의 가능성이 극대화되고 잠재력 또한 무한하게 발휘될 수 있는 무한 긍정의 세계로 칭송된다. 그런데 정말 그럴까, 의문을 던지는 자의식들이 있다. 활자라는 조금은 착오인 방식에 기댄, 게다가 시인의 운명을 마다하지 않는 이 자아들의 의문은 너무나 완벽하게 긍정적이고 낙관적인 세계와 접촉할 때마다 더 깊어지고, 때로는 광폭해진다.

정경미 시인은 그간 『차라투스트라의 입』, 『어린 철학자는 꽃이 지는 이유를 잊고』 등의 시집을 통해 '문명과 인간'의 문제, 특히 관계 설정에서 번번이 실패하고 좌절하는 현대인의 초상을 그려왔다. 때로는 문명 비판적인 단일한 시적 화자의 음성으로, 또 다르게는 외부 압력에 의해 상처받은 자아가 토해내는 내적 분열의 '퍼포먼스'를 격한 어조로 표출해왔다. 이번 시집도 일정 부분 그 연장선상에서 이해할 수 있을 것이다.

블랙홀 속에서 빠져나가는 보잉747 함성이
대기권 밖으로 이별을 쏘아 올린다
독수리 한 마리
비행 바퀴를 낚아채면
활주로를 이탈한 마리아 칼라스의 목청이
뜨거운 적막을 풀어놓는다

바벨탑을 쌓는 주파수가
기지국을 빠져나가는 동안
스티븐 잡스의 사과나무에서 떨어진 홍옥 반쪽
세상의 잡음을 행성 밖으로 송출한다
깨어진 소문들이 굴러다니는 지구촌엔
붉은 로맨스가 쏟아지고
뉴스를 강탈하고
앵커들의 입술은 3박 4일 헤드라인에 떠다닌다
메아리 없는 대답이
거미줄에 걸려 아우성치면
허공에 찍히는 너의 목소리에 경고등이 울린다

탈출한 하늘이 늙은 길을 끌고 오면
성난 천둥소리가 떼 지어 날아오른다

—「소리의 일탈」 전문

누가 뭐래도 '휴대전화(cellular)'야말로 현대 기술 문명의 성취를 과시하는 아이콘이며 지금-여기 일상을 지배하는 강력한 도구, 그 자체로 최상의 상징이다. 사용하는 기종에 따라 세대와 계층이 저절로 구분되고, 이른바 지구촌의 '인싸'인가, '아웃사이더'인가가 결정된다. 인류 문명에서 도구에 대해 공통으로 전 기간에 걸쳐 유지했던 관념은 이제 이렇다 할 반발 없이 폐기되었다. 휴대전화는 더 복잡한 작업을 수행하고, 더 다양한 분야와 결합한다는 기술적 의미를 초월해 일상 존재의 현전(現前)을 보장하는 가장 적합한 근거로 제시된다.

정경미 시인은 성취가 아니라 불가항력으로 생기는 '일탈'에 주목한다. '바벨탑'은 널리 알려진 구약성서의 일화다. 신(神)이 되려는 인간의 교만은 하늘에 닿고자 '바벨탑'을 쌓았지만 어리석음을 꾸짖고 응징하는 판관(判官)으로서의 신은 그 탑을 간단히 허물고 인간 족속의 언어를 흩어버렸다. 하지만 이제 그 어떤 종교적 저항 없이 '지구촌'을 촘촘히 에워싼 기지국들은 말 그대로 거침없이 "세상의 잡음을 행성 밖으로 송출한다". 방해만 없는 게 아니라 거리낌도 없고, 나아가 모든 행위에는 반드시 그에 상응하는 결과가 있다는 자연법칙에 대한 일말의 고려도 하지 않는다. "깨어진 소문", "붉은 로맨스"처럼 그저 노출만을 목적으로 하는 '소리'가 "3박 4일 헤드라인"에 떠다니고, 정작 존재의 음성은 "메아리 없는 대답"으로 아우성이라도 칠라치면 '허공'에서마저 '경고'를 받는다.

시인은 이 작품에서 1연의 "블랙홀 속에서 빠져나가는 보잉747 함성"과 마지막 연의 두 행, "탈출한 하늘이 늙은 길을 끌고 오면/성난 천둥소리가 떼 지어 날아오른다"를 대비적으로 배치해서 '일탈'의 의미를 암시적으로 그러나 강력하게 환기한다. 그 물음은 자연의 '굉음(轟音)'마저 듣지 못하는 우리는 누구인가 하는 존재 성찰로 이어진다.

> 공터를 빠져나가는 낮달이 가속페달을 밟는다 미분양 속도가 플랜카드에 매달려 요동을 친다 폭주족의 정오는 늘 이렇듯 격렬하다 오토바이 바퀴에 검은 산 하나가 끌려온다 검은 산 하나가 내 어깨 뒤에서 솟아난다 산 그림자는 구십 도 각도로 마지막 가로등을 목에 감는다 사거리 교차로를 짊어진 사내가 바람의 갈퀴를 뽑아들고 구름을 향해 뛰어오른다 주홍 글씨 속의 유령들이 태양의 목덜미에서 타들어 간다 비명을 지르는 자동차들의 공중부양, 놀란 LED 간판들 형광 속에서 튀어 나온다 팔월과 구월 사이 삼백 볼트 내비게이션이 지구촌을 뜨겁게 발화시킨다 플라타너스 오른쪽 눈에 붉은 사이렌이 타오른다 점멸등에서 종소리가 쏟아지고 분양받은 지구 하나가 소용돌이 친다
>
> —「주홍 글씨 속의 유령들」 전문

인용 작품의 표면은 계획이 어긋나 활기를 잃은 소도시나 읍내 풍경을 차고 어두운 음조로 그리고 있다. 이곳의 활기 없음은 가속페달을 밟는 '낮달'이나 검은 산을 끌고 오는 폭주족의 "오토바이 바퀴"를 통해서도 드러나지만, 숨겨진 진짜 이유는 플랜카드에 매달려 요동치는 "미분양 속도"에 있다.

기대했던 경제적 이익이 눈앞의 현실로 실현되지 않는 곳, 거기는 실재하는 현실 공간이면서 동시에 갖가지 기묘한 현상, 가령 공중부양 하는 자동차들과 오른쪽 눈에 붉은 사이렌을 단 플라타너스, 종소리를 쏟아내는 점멸등의 공간이다.

이 작품은 표제작이기도 하거니와 시집 전체를 아우르는 중요한 전언이 들어 있다. "주홍 글씨 속의 유령들이 태양의 목덜미에서 타들어 간다"가 그것이다. 널리 알려진 것처럼 '주홍 글씨'는 '인간의 굴레'의 상징으로 볼 수 있다. 그러면 확장해서 "주홍 글씨 속의 유령들"은 무엇, 어떤 상태의 상징이고, "태양의 목덜미에서 타들어 간다"는 사태는 또 무슨 의미인가. 이 의문에 나름의 답을 만들어가는 것도 이 시집을 읽는 하나의 독법이 될 수 있을 것이다.

## 2.

시대를 막론하고 자기 세대를 초월하거나 전위가 됨으로써 맨 앞장에 거론되는 이름들이 있다. 또한, 당대의 주류가 아닌 변방, 변두리로 밀려나 거기서 자신만의 독창성으로 시대의 경계를 흐릿하게 하면서 결과적으로 세계의 지평을 확대하는 존재가 있다, 빈센트 반 고흐가 그렇다. 이 시집에는 「빈센트 반 고흐와의 조우」처럼 직접 이름이 언급된 작품 외에 「미술관 인문학」, 「북극성」처럼 본문에 이름이 등장하는 경우와 「침묵의 귀」처럼 고흐의 작품이 연상되는 경우와 「이륙하는 신발」처럼 '구두', '압생트' 등의 어휘를 통해 고흐의 생활이나 일화를 떠올릴 수 있는 작품들이 다수 수록되어 있다.

> 초상화의 두 귀는 닫혀 있다 듣지 않음으로 더 크게 듣겠다는 암묵적 결의(決意)를 본다 야윈 입은 더 굳게 잠기고 침묵의 귀는 열리지 않는다 가슴이 해독하지 못하는 입술은 소리만 남길 뿐 소리는 언제든 잦아든다 밀서를 태우는 햇살은 빙의에 빠져든다 심장을 파고드는 검붉은 목소리들 실어증 앓는 그림자가 숨을 죽인다 사유의 터널 속에서 굳어버린 무명(無名)이여 내가 그대의 귀에 속삭이리니, 그대의 결의를 나에게 다오
>
> —「침묵의 귀」 전문

시인은 고흐만이 아니라, 폴 세잔과 폴 고갱, 제임스 휘슬러와 천경자 등 화가들과 프로스트와 생텍쥐페리 등을 작품의 모티프로 삼고 있다. 그중에서 고흐는 작품의 수(數)나 시인의 관여도 측면에서 압도적인 면모를 보여준다. 그 이유는 고흐만이 앞에 언급한 변경의 혁신가, 혹은 '인간의 굴레'를 깬 존재이기 때문이다. 시인은 고흐의 초상화 속 잘린 귀를 보면서 '닫혀 있다, 스스로 닫아버렸다'고 생각한다. 거기서 더 나아가 그림이라는 이차원 평면의 한계를 걷어내고 "들

지 않음으로 더 크게 듣겠다는 암묵적 결의를" 본다. 이때 보는 것은 곧 들리는 것과 같아 시각적으로는 '실어증'의 상태처럼 보이겠지만 시인은 "그대의 결의를 나에게 다오"라는 간절한 바람을 고흐의 귀에 대고 속삭인다. 이 바람은 「빈센트 반 고흐와의 조우」에서 "나는 더 늦기 전에 아름다운 이름 고흐를 불러본다 희미한 미소가 해바라기 밭을 건너온다 나는 지금 시간의 불법체류자, 나에게도 밀짚모자가 필요하다"라고 밝혔던 바람의 더 내적인 고백이기도 하다.

앞에 열거한 화가와 작가 외에도 이 시집에는 미켈란젤로, 렘브란트, 르네 마그리트, 푸시킨과 기타 사진작가와 음악가 브람스, 쇼팽도 등장한다. 폴 세잔 등을 포함하여 이들은 아마도 시인의 '타임캡슐'에 담긴 목록 중 일부일 것이다. "타임캡슐에 내장된 내 어릴 적 혓바닥이 기억의 암호를 깨운다"(「달빛 소나타」)라는 고백에서 유추할 수 있는 것처럼 이 이름들은 인간의 조건에 대해 시인이 깊이 사유하던 시절의 조각들이라 할 수 있을 것이다.

이번 시집에서 시인은 SNS, TV, 도시철도, LED, 내비게이션 등 일상의 편리성을 돕거나 확장하기 위해 만들어졌지만 결국은 굴레가 되어버린 각종 기기와 체계 밖에 구축된 또 하나의 굴레에 주목한다. 지구촌을 휩싸고 있는 '코로나 19'의 상황과 일상의 통제가 그것이다. 시인은 바이러스에 의해 봉쇄된 도시에서 '유배'의 감정을 느끼고, "열화상 카메라 앞에서 바코드를 찍는 순간"(「19번 방」)의 의미에 대해 근본적인 의문을 제기한다.

> 이른 새벽 6시 종소리가 울려오면 절간의 기둥들은 무언의 눈빛으로 행진을 한다 누가 말하지 않아도 한 팔 간격으로 비껴서면 동자승의 발소리 하나 들려오지 않고 양팔의 날갯짓은 걸림 없이 하모니를 이루며 자유롭다 고른 어깨를 유지하며 하늘을 떠받치는 몸짓이 고요하다 못해 시리다 이따금 사위를 깨우는 박새 울음이 허공을 맴돌고 울창한 적막은 공간을 초월하여 뻗어 있다 낯선 풍경이 잉태되고 새로 태어나는 그림자들은 유효기간을 부여받는다 인적이 끊어지면 북극성은 변방으로 돌아가고 난파된 뻐꾸기시계는 2단계의 어둠을 밀어낸다 건널목 앞에 서 있는 별살이 차단기를 내리면 비로소 하현달이 뒷걸음질 친다
>
> —「거리 두기」 전문

인용 시는 제목 그대로 '거리 두기'를 다룬다. 그런데 여기서 거리를 두는 것은 "절간의 기둥들"이다. "누가 말하지 않아도 한 팔 간격으로 비켜서면" 결국 "양팔의 날갯짓은 걸림 없이 하모니를 이루며 자유롭다"라는 것이다. 방역수칙 중에 제일 강조하는 사회적 거리 두기를 "절간의 기둥들"의 균등한

간격의 거리에 비유한 것이 돋보이는 수작이다. 절간의 기둥들의 간격이 결국 지붕을 떠받치기 위함이라는 이해를 통해 지금 강력하게 시행되고 있는 사회적 거리 두기의 의미를 유추하게 하는 점 또한 신선하다.

그러나 같은 거리 두기지만 그 결과는 사뭇 다르다. 절간 기둥들의 거리는 "하늘을 떠받치는 몸짓이 고요하다 못해 시리다", 즉 일종의 숙명성으로 인해 "낯선 풍경"을 잉태하고 '그림자'마저 유효기간을 부여해 새로 태어나게 한다. 그러나 방역을 위한 거리 두기는 불특정 타인에 대한 '배려'라는 수행가치로 포장되어 홍보되고 있지만, 그 결과 빚어진 "낯선 풍경"은 끊임없이 서로를 경계하고 감시하는 어두운 표정일 뿐이다.

### 3.

너새니얼 호손의 장편소설, 『주홍 글씨』는 17세기 미국의 경직된 청교도 사회의 교만과 위선 아래서 억눌렸던 인간의 본성과 그에 따른 고통과 심리를 그린 작품이다. 간통했다는 죄명으로 주인공 헤스터는 공개된 장소에서 가슴에 'A(adultery)'라는 글자를 새기는 형벌을 받는다. 이처럼 신체에 죄명을 문신하는 형벌은 고대 중국에서부터 찾아볼 수 있는데, 경형(黥刑) 또는 묵형(墨刑)이라고 불리는 자자형(刺字

刑)이었다. 조선시대 자자형은 대개 도둑질한 자들에게 가했던 형벌로, 얼굴이나 팔뚝에 죄명을 새겨 넣는 벌이었다. "경을 칠 놈"이라는 욕은 바로 여기서 유래된 것으로, 죄를 지어 평생 얼굴에 문신을 새긴 채 살아갈 놈이라는 저주를 퍼붓는 말이다. 어쨌든 '주홍 글씨'는 현재의 문화적 맥락에서 인간의 굴레, 또는 쉽게 벗어던질 수 없는 멍에의 상징이다.

> 낡은 벽보 아래서 한 사내가 담배를 태우고 있다 형체는 보이지 않고 연기 사이로 입술만 떠다닌다 안나푸르나에서 건너온 구름이 눈발을 토해낸다 무료급식소에 무료한 삶들이 모여든다 리어카에 실린 젖은 고물들에게도 영혼이란 게 있을까 하수구 틈새에 핀 민들레는 어제의 꽃을 들고 방치되어 있다 누군가의 고달픈 저녁이 지하계단에서 하모니카를 분다 불빛 아래 하루살이 떼에게 내일은 환상일 뿐이지만 그것마저 없다면 오늘이 더 무료해질 것이다 낡은 벽보 속에서 겨울 장미가 피어난다 배고픈 별이 더 밝게 빛난다
>
> —「무료급식소」 전문

정경미 시인은 시대의 '주홍 글씨'가 찍힌 존재들을 곳곳에서 발견한다. 시인은 염천 아래 위독한 짐승처럼 서 있는 맨드라미를 보고 "꽃이었던 시절 지나/스스로 주화입마(走火

入魔)에 빠졌다"(「맨드라미」)라고 판단한다. 염천의 해를 피하지 못한 것이, 그래서 열기를 몸 안에 가둬 위독해진 것이 마치 맨드라미 '스스로' 그런 것처럼 질책하지만, 시인은 "불빛 아래 하루살이 떼에게 내일은 환상일 뿐이지만 그것마저 없다면 오늘이 더 무료해질 것"이라는 사실을 잘 알고 있다. 즉, 『주홍 글씨』의 여주인공 헤스터의 가슴에 새긴 'A'의 의미가 그녀의 용기와 노력이라는 인간적 미덕을 통해 'Able'이나 'Angel'로 변했듯이 어떤 굴레나 멍에는 인간 조건에서 본질적인 측면은 아니라는 점을 강조하고 있는 것이다.

또한 시인은 자의든 타의든 멍에를 짊어진 존재들이 '유령'처럼 출몰하는 장소로 '무료급식소', '요양병원', '선별진료소'와 "영혼을 짓밟힌 레일 위로 새벽이 질주를 시작한다 스크린도어 앞에 일그러지는 불빛들 기억을 현상하지 못해 굳어가는 바퀴"(「도시철도 3」)로 조성된 공간을 제시한다. 앞에 언급한 것처럼 무연고자나 아웃사이더를 당장 눈앞에서 지우면 안전하고 별 탈 없이 지속할 것만 같았던 일상이 사실은 수시로 유령이 출몰하는 유배지와 다름없었음을 여실히 보여준다. 단지 '마스크'를 하나 썼을 뿐인데 극대화된 익명성은 내면의 불안을 최대치로 증폭시킨다. 다음 시를 보자.

작은 새가 잠들어 있는 몽환의 들판을 걸어갔다 무언가
잡아당기는 소리에 뒤를 돌아보니 보랏빛 안개가 두 갈래 길을 끌고 왔다 왼쪽 길을 가리키며 내 등을 떠밀어 발길을 재촉했다 은밀하게 울려 퍼지는 까마귀 울음소리가 하늘을 덮었다 바오바브나무가 줄지어 선 들길을 따라 걸었다 지루한 그림자가 개울물 속에서 나를 보고 있었다 손을 내미는 순간 나를 닮은 페르소나 하나가 물 밖으로 걸어 나왔다 나는 놀라 뒷걸음질 치며 소리를 질렀다 발목이 접혀 걸음이 떨어지지 않았다 걸어왔던 길들이 은박지처럼 구겨지고 모르는 얼굴이 나를 끌어당겼다 온몸이 바위로 굳어갈 즈음 알람 소리에 눈을 떴다 무덤 속이었다

—「종이 가면」 전문

인용 시의 제목이 '종이 가면'인 점에 주목하자. 시인은 "몽환의 들판"에서 "두 갈래 길" 앞에 섰던, 그리고 운명이 지시하는 방향으로 걸어갔을 때 "개울물 속에서 나를 보고 있었"던 "지루한 그림자" 즉 "나를 닮은 '페르소나"의 등장에 "발목이 접"힐 정도로 놀랐던 꿈을 담담히 들려준다. 그런데 놀라운 반향이 일어난다. "무덤 속"이라니……

정경미 시인은 '개울물(무의식)' 속에서 나온 '그림자(불안)'가 나를 닮은 '페르소나(자아상)'를 새로 불러오는 순간을 경험한다. 그러나 그것은 "무덤 속"으로 한정되고, 시인은 '종이 가면' 즉, 백색의 '퍼스널리티(personality)'로 세계에 등장한다. 이 백색 인물은 유령인가, 아닌가? 아니 어쩌면 이 모든

것이 "카메라에 찍힌 백색소음"일지도 모르겠다. 이번 시집은 그 의문을 제기하고 확산하는 역할을, 그 어려운 숙제를 독자들에게 던져준 듯 보인다. 행복한 고민이 될 것이다.

찬비 조용히 다녀가고 빗방울의 환청만 아스팔트 위로
굴러다닌다 샐비어는 찬비를 모르고 그래서 샐비어는 꽃
을 피우고 나는 나를 모르고 샐비어는 나를 모르고 어디선
가 정오의 자명종이 나부낀다 종소리를 물고 가는 말티즈
의 뒤를 따라 걷는다 지친 걸음이 횡단보도에 이르러 잠시
숨을 고른다 내 그림자를 밟고 지나는 경적 소리가 가슴에
꽂힌다 귓바퀴를 타고 맴도는 무채색의 음파가 사진 속의
앵글에 잡힌다 카메라에 찍힌 백색소음은 찬비를 모른다
찬비는 카메라를 모르고 카메라는 나를 모르고 나는 찬비
의 행방을 모르고 어깨너머엔 말티즈를 모르는 꽃들이 무
표정하게 피고 있다

—「찬비는 모르고」 전문

문학의전당 시인선 345

# 주홍 글씨 속의 유령들

ⓒ 정경미

초판 1쇄 발행 2021년 10월 8일
초판 2쇄 발행 2022년 5월 26일
지은이 정경미
펴낸이 고영
디자인 헤이존
펴낸곳 문학의전당
출판등록 제448-251002012000043호
주소 충북 단양군 적성면 도곡파랑로 178
전화 043-421-1977
전자우편 sbpoem@naver.com

ISBN 979-11-5896-530-3 03810


*이 시집은 2021년 부산광역시, 부산문화재단 〈부산문화예술지원사업〉의 지원을 받아 제작되었습니다.
*이 시집은 〈2022년 문학나눔 도서보급사업〉에 선정되었습니다.